adriana lisboa

antes de dar nomes ao mundo

/re.li.cá.rio/

aos meus professores

And, touching you,
I am like light from

Antares. It has taken me light-
years to arrive

*[E, ao tocar você,
sou feito luz de*

*Antares. Levei anos-
-luz para chegar]*

ARTHUR SZE

I. pré-história

pré-história 13
vem ver a lua 15
página em branco 20
harmônicos 24

II. teia

teia 27
nature boy 29
dindi e o girassol 30
dervixes 31
bergamota 32
eucariontes 33
gravitās 35
a vida dos animais 36
asas 37
luz 39
torre 40
amor 41
a função de ponte 42
maré 44
constelação do gato 45
ebó 46
o morto da praça central 47
tigela 48

III. beco rio quintal praça mundo

cora coralina 51
com adrienne rich 52
um quadro de maria auxiliadora 53
uma exposição de joan mitchell 54
nossa senhora da piedade 55
pedra 56
morada 57
hiroshima 58

ovídio no exílio   60
a música de meredith monk   61
variações sobre um tema de li po   62

IV. uma emoção em falso

díptico para ela   71
antes de dar nomes ao mundo   73
sapatos   75
ofício   76
o mistério   77
lavar o chão   79
carta ao meu pai no dia sete de setembro de 2021   80
fresta   84

V. duas semanas em retiro de meditação

dia um   91
dia dois   92
dia três   93
dia quatro   94
dia 18.654   95
dia seis   96
dia do sol   97
dia auspicioso   98
dia nove   99
dia dez   100
dia onze   101
dia zero   102
dia treze   103
dia desses   104

nota   106
sobre a autora   107

I. pré-história

pré-história

esse silêncio de antes
que o mundo pense em despertar
o silêncio que os notívagos fumam com
o último gole de chá e os
que perdem o sono tão cedo abraçam
como se a um outro corpo
que fica enquanto a noite se vai

esse silêncio de tudo
a maré que respira
um oceano que espera
um bilhão de pequenos seres
abissais recolhidos
ao escuro do seu escuro

esse silêncio em que o corpo
pende um milímetro
para o campo da morte   sem medo
e no entanto o rumor do vivo
cristalino impera
      bicho por trás da costura do sonho
e nada precisa vir a ser
e mesmo os nomes se esquecem
na letra miúda dos contratos

esse silêncio de oração por dentro –
      não há mantras ou aleluias e
      o muezim ainda não chamou os seus

esse horizonte de eventos antes que
tropecemos conosco

na barra do dia e do espelho
e abramos as janelas às cigarras
(o que no entanto faremos sem susto
ou arrependimento)

pré-história de nós mesmos
esse silêncio resiste
ao tempo que o acossa
à paleta cambiante de um céu
que significa outro tudo ou tudo de novo
quando queríamos só um pouco
só um pouco mais desse
basal entretanto
entremundos
que
vive e pulsa enquanto se dissolve no ar

vem ver a lua

o ocre vermelho
usado para pintar as pedras
há vinte mil anos
é este traço estampado
hoje
na palma da minha mão
nada ainda se chama Piauí Brasil
nada se chama ainda América do Sul
sequer temos a noção de que
há de haver uma história
vivemos um sonho mítico
e sobrevivemos
se nos bendizem as estrelas
     por enquanto

por enquanto
estamos ensaiando
somos crianças pequenas
no tracejar dos próprios corpos
o ocre vermelho da mão
estampando-se
na parede de uma caverna
na dobra de um joelho
na mansidão do sexo
na anímica fluidez dos olhos
e ninguém ainda
nos vendou ou vestiu ou acautelou
ninguém ainda nos meteu na ideia
a ideia de um mundo
que despreza a bênção das estrelas
um mundo de fronteiras

guarnecidas por sentinelas ferozes
somos de todo canto
estamos em toda parte
enquanto ensaiamos a vida
tátil
na surpresa da nossa mão

repetimo-nos
ao modo de crianças que repetem
seu experimentar o mundo
pedra pedra pedra
ocre vermelho ocre
será que amanhã nasce
o sol outra vez   e a lua
esta lua cheíssima de dezembro
será? outra vez?
esta lua que nos vinga e é um
espírito estendido no céu
– debaixo dela aprendemos
a uivar feito os bichos
a gozar feito os bichos

acorda   vem ver a lua
você me diz no segundo
ou terceiro dia
tomando a minha mão e
me ensinando a andar na penumbra
pela trilha estreita
do músculo do peito:
estamos ensaiando
a vida aberta
descampada
ocre vermelho sobre pedra
sobre pedra sobre fibra

do músculo do peito sob
o peito
nu
escancarado em oferenda
não aos vícios dos deuses públicos
mas ao mistério deste
retábulo
particular:

entre as paredes de uma caverna
tudo é inédito
e somente o sonho é baliza
do dia que começa
somente o fiapo de luz
dos teus olhos quando você
acorda   *vem ver a lua*
o coração estendido
tátil
na surpresa da nossa mão
coração-presente
(nada nos oprime   por enquanto nada
nos suprime)

estamos ensaiando
a vida aberta
em que tudo nos atravesse
como se a nossa pele fosse feita
(e é) muito mais de matéria escura
como se o desabitado que habitamos
e quase tudo em nós
se costurasse pelo que não
sabemos
pelo que não vemos ou dizemos
e por enquanto nada

é sublime: mesmo quando
os nossos sonhos se abrirem
em avenidas de asfalto e em
aviões ainda assim seremos
estes mesmos
tranquilos
entendendo o devir o ir-e-vir
e todos os dias estampando imagens
em ocre vermelho
pelas paredes de pedra pelos muros
de alvenaria

não há um sentido
para o mundo além deste
acorda   vem ver a lua
não há um mundo
para além deste
enigma
que não nos interessa desvendar
esfinge   cruel cantora
que não nos interessa decifrar

temos vinte mil anos
e foi ontem mesmo que nascemos
que pintamos o corpo e a caverna e as ruas
com ocre vermelho
e gozamos nas ruas sob a lua
sob as estrelas sobre as pedras
entre os muros entre os bichos
e todos os espíritos e todas as cores

não há um sentido e tudo
tudo faz sentido
quando um de nós

na encruzilhada dos nomes na
barafunda dos preceitos
diz
acorda   vem ver a lua
e entre todas as substâncias
à deriva no universo
vivemos um sonho mítico
e sobrevivemos
se nos bendizem as estrelas
e nos bendizem as estrelas
    por enquanto

página em branco

1

a página em branco
não é um problema
não se angustia com nada
nem pede que a preencham
é amoral assintomática
não exige traços grifos paramentos
desconhece a astúcia
não sabe o que é talento e nunca
esperou que a resenhassem nos jornais

o estorvo da página em branco
é a nossa insistência em desmanchá-la
é o nosso amor sob forma de arena

lutar com a palavra é enlutá-la:

a página continua em branco
por baixo de tanto ruído
branco

2

querer desbravar a página em branco
como se deserto ou floresta
querer conquistá-la
como à montanha ou ao país inimigo
escarafunchá-la como à terra do plantio
meter nela palavras agulhas   querer
curá-la com essa medicina alternativa
unir nela os pontos
do mundo como se isso fosse
possível (grande navegação infinita) –

a página em branco dura muito mais
do que qualquer literatura
já diziam os sumérios
quando não havia páginas em branco
nem literatura

3

não é com o verbo que o mundo se cria
antes de dizer somos já éramos

no que a palavra guarda cabe tudo
no que a palavra aponta
o que cabe é uma coisa só

e se o outro não fala a minha língua?
e se o que digo é polícia de fronteira
etnocídio   contrafação?

um mesmo verbo faz luz e escuro:
eis o nosso condomínio fechado
eis o nosso querer dizer
querer poder dizer
querer dizer poder

4

e no entanto este verso se faz
e mais este
na tentativa de raiar a manhã
de somar talvez a um coro
de sabiá-laranjeira e saracura
e à melopeia dos gatos mais cedo
um dizer com a extravagância do sentido
o quanto ele escapa
o quanto ele raspa   apenas
a superfície do que assedia
mas nesse raspar
sabemos bem que virão tantos
outros versos
e mais outros
porque também ela   a poesia
é outro modo de não dizer as coisas
e de raiar a manhã
com a saracura
e a melopeia dos gatos na penumbra

harmônicos

para Fabiana Camargo

os harmônicos
vibram por simpatia nas cordas do violão
não porque o habite-se do mundo
seja honradez e consonância
mas porque
uma coisa leva a outra   você sabe:

por exemplo
é bater os olhos nesse instrumento
quieto em seu canto
exposto como uma pera numa fruteira
e ouvi-lo   por simpatia
sob os dedos longos de alguém
que antes o habitava e nele um mundo
inescusavelmente seu

e quando então nos perguntamos
de onde será que a poesia vem
ocorrem-me esses harmônicos:
serão os versos vibração por simpatia
também a poesia uma espécie
de fantasmagoria do som?

II. teia

teia

1

para onde vai o punho cerrado
quando você abre o punho?
onde se firma o dia de hoje se não
passa de um castelinho
de Lego (o dia
o hoje e suas preposições)?
para onde vão as perguntas
feitas na infância
às quais nunca encontramos
resposta adulta
onde fica a flor fresca
na flor podre e onde
no depois dele
o instante exato em que a teia
da ideia
da aranha
se rompe?

2

dito de outro modo –
o que há por trás do vulto
dos nomes do mundo
por trás do você que se vê
na preciosa labuta de erguer o dia
de hoje
(castelinho de Lego)
e suas proposições?

nature boy

com Nick Cave

ela posava para a canção
emoldurada por glicínias
mil frases embaralhadas na voz
do noticiário (meu pai me disse não desvie
os olhos tenha coragem mas ao fim
e ao cabo a beleza é o que há
de nos salvar) e
eu juntava coragem
não para praticar a salvação
mas para contemplá-la
em sua moldura de glicínias
ela era um pardal um sopro
adejando entre flores velas
e versos de Safo no original
sem um vestígio de misticismo
ou delicadeza   caminhava
sobre as águas
e o que me movia e me comovia
era ser salvo pela sua canção

dindi e o girassol

para Rafael Gallo

a gata raspa a ponta
do nariz na ponta
da pétala da flor

ou talvez seja a flor
que se dobre sobre o sol
do olhar do bicho

– o que sabemos desse
encontro amoroso
se faz noventa milhões

de anos que divergimos do gato
e se perdemos por completo a convicção
na práxis botânica da luz?

dervixes

para Flávio Stein

acordo sobre um caderno de estrelas
não importa que já faça dia
não importa que os milhões da cidade
já se ensaiem no coro desta
quinta-feira mais uma
rodopiando feito estranhos dervixes
esquecidos do porquê
de tanto canto e tanto rodopio

acordo sobre um caderno de estrelas
e vejo
a noite infinita no raiar do dia
avenidas inteiras por onde a luz
tranquila transita
a 299.792.458 metros por segundo
até tropeçar por acaso (dervixes
em arrebatamento)
com o mundo
no fundo de um globo ocular

bergamota

sim mil vezes sim
diz a essência
de bergamota

sim para o tempo   este
ou para a ausência dele (some o tempo
no tempo das essências)
mil vezes sim
a este amor e a todos
os outros a este dia de sol multicor
e a todos os outros

diz a bergamota
em sua essência sim
mil vezes sim

eucariontes

a pouca luz do abajur
camufla os pratos
e os talheres à mesa
(a preferência seria por
holofotes sobre o pedaço de pão?)

parece que mais cedo as crianças
foram à pesca – esse exercício
da morte anunciada
oxalá fossem de vidro
ou espuma os peixes para que
não precisasse haver
negociação tão bruta

será que a vida é mesmo
um grande arco de violência
um holofote rasgando o escuro
e morrer seria então o supremo
gesto de compaixão?

a esfarrapada lógica lembra aquela
do rapaz que enunciou:
plantas e animais não podem
ter surgido ao mesmo tempo na escala
evolutiva já que um
respira o que o outro exala
de modo que – diz ele –
a própria ideia da evolução é uma falácia
(isso de eucariontes há um bilhão
e meio de anos) plantas e animais
foram criados com um gesto da mão

de Deus
plantas num dia
animais no dia seguinte

a vida é um estranho esporte
o peixe se debate
e sufoca no ar
a pouca luz mal ilumina os pratos
os olhos vidrados dos homens
sobre a mesa e o sempre subestimado
sempre secundário
pedaço de pão

gravitās

para Maria Esther Maciel

terá ela encontrado
na órbita da Terra
algum lampejo disto
que sonegamos
no cacoete do senso comum?

terá ela em algum
átomo do seu pequeno corpo
sentido a gravidade
da vida
sem gravidade?

terá ela confiado
nos homens que gentis
escoltavam-na até o foguete
e lhe diziam venha Laika
e sabiam que a viagem ao cosmo
(uma refeição
oxigênio bastante para sete dias)
era sem volta?

terá ela imaginado
sua efígie vira-lata
em selos e monumentos
e terá entendido no fim
no superaquecimento da cápsula
após orbitar por 103 minutos o planeta azul

que o humano é que era
a derradeira fronteira de si?

a vida dos animais

os animais ainda vão
incomodar por muito tempo
estão demasiado perto
outros nós mesmos que não
entendemos

– por isso nosso catálogo
surrealista:
  este comemos
  este é um pet
  e este aqui defendemos com passeatas nas ruas

os animais são o xeque-
-mate final
o olhar engastado no nosso
e a demanda:

nem amor
nem compadrio
bastaria a vida
devolvida
para além das passeatas nas ruas

asas

certa feita um artista
queimou dez galinhas vivas
numa obra de arte conceitual
em protesto contra a
vileza humana

a plateia que assistia
transfigurada
transtornada
nada fez

naquela noite o artista
sonhou que uma galinha
queimava dez homens vivos
numa obra de arte conceitual

ao despertar algo lhe ardia
por dentro
sentia um cheiro perturbador
de carne queimada e não sabia
se era a sua
ou a de outro bicho

e se as asas
em desespero
mais cedo entre as chamas
eram das galinhas
ou daqueles anjos pobres
em que já não acreditamos

ou se na verdade
nunca houve anjos
nem artistas
somente a vileza humana
e a plateia que assiste
sem pestanejar

luz

> o arcano XV do tarô
> com Alejandro Jodorowsky

sou um diabo e olho para cima
ninguém faz ideia
da úlcera que é toda esta
luz mal-digerida
encaro o mundo com falso desprezo
só preciso de uma virgem
maria   a cujos pés
eu possa me lançar
e cancelar assim o giro do mundo
– tanta órbita quando o que eu quero
é um estado fixo aferrolhado crucificado

tenho um irmão cristo que é rio e passa
por entre os astros e suas mortes
desenvolto bailarino   enquanto eu
que olho para cima
do fundo de um corpo estanque
não sou água nem vinho
neste inferno
que é o meu presente infinito

torre

o arcano XVI do tarô

como não percebi
neste jogo invulgar
que minha pele tinha
se convertido em tijolo
e todo meu corpo
era uma torre assentada
contra o mundo contra a
miséria o mistério e sobretudo
contra o milagre da alegria do mundo
como não percebi que
cada palavra minha era
uma aposta no medo
enquanto lá fora
reinava o sarau do vivo
a festa do imprevisto

tudo agora se esfarela
o jogo reclama a ruína
tijolos argamassa alvenaria
pedras dispostas para que nem
uma brisa anuncie outra estação –
tudo isso vem abaixo
em radiante catástrofe
e apesar das imagens imensas
deixemos também de lado
o evangélico e o sublime:
a verdade é que a verdade
de toda torre
um dia se cumpre no chão

amor

o rapaz na esquina
aborda o velho
oferece seus serviços
e algo se passa quando
a mão toca-lhe o braço
                        o arco
narrativo de uma vida inteira

nessa idade sem surpresas
nesta cidade poluída de cansaço
é uma centelha que respinga:

velho
mas não a ponto
de ter esquecido
o amor

a função de ponte

1

o vento abençoado
roçando nossos ouvidos
uma plateia inteira cantando
entre nós
e ainda há algo a dizer
que no entanto tantas vezes já foi dito
(veja como ressoa o refrão)

caímos
para dentro caímos
e nos atrapalhamos
pela rua em busca do caminho
de casa
(escura a cidade
e a mística ao seu redor)

escuro feito a cidade
todo este dito não dito:
quanta música   entretanto
entre nós

2

há lugares desertos que cumprem
a função de ponte
quem se detém neles detém o passo
do universo
disse uma poeta (acho
que com essas palavras)

o deserto entre uma asa
e outra do avião
o que se cala o que se conta por aqui
numas poucas conversas
fiadas   esgarçadas de nuvens
frio sede a novidade de uma dor
a precedência
da crença
na fiabilidade do ar
no hiato do deserto do ar

a função de ponte

e quantas
quantas mais eu não atravessaria
sendo você aonde chego
o passo
a passo do universo
no deserto místico do coração

maré

às vezes o barco boia
no seco

vai com a vazante
o que ele tinha como líquido
e certo   seu chão de água
seu glossário de peixe
vaga marulho mergulho
esse bem-
estar-no-mundo
bamboleante
cambaleante e fácil

o barco boia
no sono da terra
no solo desse
seco   sonho de cheia
guardando-se por um instante
velando-se

até que venham (e virão) de novo
as ondas
forrar o seu corpo
e livrá-lo
da pedra dura – também ela
no entanto parte
do intento da maré

constelação do gato

para Cesar Garcia Lima

todos os dias são do gato
e todas as noites também

o gato é o tempo do gato e
a morte do gato é
somente uma sutilização
do salto:

o gato constela o gato
enquanto caminhamos cá embaixo
seres que cheiram pelas patas
tão pesados
tão comuns

ebó

a delicada carcaça
da ratazana que morreu faz
algumas semanas
a cada dia tem um
feitio novo
enxugada por outros bichos
ataviada pelo sol
o constante ebó da vida
ofertando-se à vida
com tudo o que a vida come

e se encadeamos
uma guerra na outra
dentro e fora de nós
oxalá outro futuro
antepassado
prevaleça
em nosso jardim de algum dia
com a lição de ofertar

o morto da praça central

para Mauricio Vieira

ergue-se na praça central
da cidade estrangeira
um monumento ao morto
que fez outros mortos
não monumentalizados aqui

vem um cheiro bravo de mar
incitado pelo vento
também ele um guerreiro às vezes
(ele o mar
ele o vento)
e o espírito das rosas
está à venda nas esquinas

quando
desistidos de bordéis e museus
os turistas partirem
as sombras dos séculos
hão de retomar seu trabalho
reiterado e lento
conciliando ruína
e trançando com paciência infinita
as trepadeiras
nas ancas do morto da praça central

tigela

enquanto o cachorro
come sua refeição na tigela
algo na vida que o observa
pergunta-se pelo sentido
de estar aqui a observá-lo
pergunta-se como será
isso de existir
e não se examinar todo o tempo
tal um obsessivo cientista de si
como será isso de correr
pelos campos sem que o arado
tenha de constantemente roçar
cada dobra do coração
como será isso de lamber
a tigela
e confiar –

III. beco rio quintal praça mundo

cora coralina

o caco do prato quebrado
azul-pombinho
pendurado no pescoço
é para que ela não esqueça
e que em casa não caiam
na tentação do perdão:

moleirona buliçosa inzoneira
menina desde sempre culpada

o canto do beco
do limo da beira da vida
a avenca os doces o milho
e a terra –   que importa
o caco do prato quebrado
pendurado no pescoço?
um verso é uma louça inteira
azul-pombinho
e todas as cores mais

tudo pertence a Ana
beco rio quintal
praça mundo grão

com adrienne rich

de tudo fica um deserto
ou talvez o deserto
seja o antepassado de tudo
onde se lavram os saguaros
e as canções na voz de Chavela

e que mundo seria este
a tomar por norte os saguaros
e as canções na voz de Chavela
– o deserto de tudo
seria a festa sóbria
do júbilo de tudo

sem conquistadores nem amantes torpes:
canções e saguaros
ainda que um dia por ano
florescendo em nós

um quadro de maria auxiliadora

cada um aqui
tem seu próprio pranto
quase todos de olhos abertos
no velório da noiva
bonita em seu véu   que desfraldado
é um rio vazando
para lá da morte e do tempo
mas em meio a tanta lágrima
e expressão de desalento
uma mulher serve a outra uma xícara de café:

por mais doído que surre o mundo
por mais que as visões se desfaçam cedo
demais e a vida tantas vezes se confunda
com o frágil entretecido de seus véus
oxalá haja sempre essa mão
anônima ou amiga
e que na medida do possível
a xícara e o bule sejam desse rosa
esplendoroso vibrante
– nossa porção de sentido
e de graça: um café sem metafísica
cotidiano
como a excomungada palavra amor

uma exposição de joan mitchell

então te ouço falar no vídeo
sobre o que uma moça não podia
ser – *sauvage*
e que de um lado do oceano
criticavam seu trabalho por europeu
e do outro por americano
enquanto você via árvores
azuis que eram suas
e em toda parte o lago Michigan
que era seu
e os girassóis de Van Gogh
(outro que não temia o amarelo)
que eram seus
e você pedia a pintura à pintura
na plenitude da solidão
de seu ateliê
cantava *La Vie en rose* quando a vida
desbotava subtraía
e depois de você eu
peço aos cinzas cromáticos da cidade
uma gota que seja
de sangue
de Joan Mitchell
em mim

nossa senhora da piedade

estatueta de autor desconhecido, Brasil, século XIX

a mãe é maior do que o filho adulto
para poder abarcar sua dor
os dois vêm do barro
ele morto como quem repousa
criança exausta do mundo
ela inteira o seu chão
de barro de terra o seu caminho

o seu manto os seus olhos
ainda abertos sobre este mesmo
mundo   diríamos insone
essa Nossa Senhora
o que será que ela enxerga
nesse espaço onde até ontem
havia o filho mas não a cruz

o que será que ela vê
para lá dos nossos olhos borrados
e como será essa compostura
de quem ampara tanta dor e como
será a piedade
vista por dentro
da sua iluminação?

pedra

havia um São Mateus ali dentro
e Michelangelo sabia
mas como ir na ventura do entalhe
criando o mundo   que no entanto
é o mesmo que nos cria?
como doar-se de tal modo à pedra
que   pedra todavia
ela também tenha a fluência
de carne e espírito –

aquele São Mateus era assim
só um pedaço   um fragmento do mundo
e Michelangelo sabia

morada

com W. S. Merwin

fosse facultada a livre
escolha da morada a cada um
quem sabe optaríamos
pelo quintal dos versos
daquele poeta em sua ilha
transformando plantações exaustas
de abacaxis em floresta
transformando versos em floresta
e floresta em versos
a tal ponto que não
se descolasse mais a vida
do sentido dela

haveríamos de nos lembrar
de agradecer com ele
como quem respira – agradecer
à tarde infinita
e aos cães que nos mostram o caminho

hiroshima

com Marguerite Duras

a fidelidade comovedora dos adúlteros
no ensaio do inconforme
ali em seus corpos repetidos mutilados
o bicho dentro deles dando com o focinho
nas grades
reiteradamente –

em toda parte se encontram
em todos os quartos   interinos
e outros
em todos os espaços eletivos
da fidelidade que
em pleno gozo eles professam
serei fiel
serei fiel

tudo ao seu redor são destroços
o concreto dos edifícios
abocanhado pelo tempo
só o que tem seiva resiste
o que tem sêmen   esse resiste

a toalha cinza do dia
amortalha os passantes lá fora mas
o zelo dos amantes é um zelo
quase épico
a renúncia à penitência
dizer não   dizer não à morte grande
e pública   à morte burocrata
que arranca do jardim o mato em festa

saber tudo sobre Hiroshima
saber algo sobre Hiroshima
nada saber sobre Hiroshima
estar vivo é tão reiterado
susto
e no entanto
às vezes basta para um sorriso
a comovedora fidelidade dos adúlteros

ovídio no exílio

o que terá havido
poeta da república romana
para que Augusto tenha se vexado tanto
e te despachado para o exílio
de onde você nunca mais regressou

terão sido *carmen et error* de fato
(um poema e um equívoco)
esse amor em descompasso
com as leis morais do imperador?
dizem que foi outra coisa
mas não sabemos
nós que no entanto ainda
te buscamos no exílio
de milênios e idiomas
no centro
de uma era que chega ao fim
exilados que estamos faz tempos
banidos de nós por nós

(o pobre Mársias chegou a pedir
a Apolo   que o esfolava vivo:
não me arranque de mim mesmo
mas é claro que o deus não ouviu)

a música de meredith monk

só o que a compositora sabe
ao começar um trabalho
é o que não quer
(a tese do silêncio
na antítese do som)

as peças musicais vão assim
se formando por subtração
e cada nota cada rumorejo suspiro
é o silêncio vibrando
ressoando por dentro

ela esculpe o silêncio como se a um bloco de pedra
sem no entanto feri-lo
sem no entanto negá-lo:

o silêncio é o sentido
o silêncio é a emenda do som

variações sobre um tema de li po

what's/ the heart/ but an/ emptiness/ in your/ stomach
(Eileen Myles)

1

bêbado
sozinho
em sua canoa
o poeta Li Po
lançou-se
à água
seduzido
pelo reflexo
da lua

água-lua
que balouça
debaixo
de uma canoa –
como escrever
verso tão
íntimo?

é preciso
lançar-se nele
afogar-se nele
feito quem
se banha
no arroio
leitoso
do céu

2

o vinho na taça
minha sombra
consignada ao chão

a lua alta no rio de estrelas

todo este meu percurso
tudo o que sei e deixo
tudo o que almejo e sou

minha sombra
o vinho na taça
a lua alta no rio de estrelas

todo este meu discurso
consignado ao chão

3

mas e se não for a lua
– e se não for nem sequer
o dedo que aponta para ela
o cerne do mistério?

brindamos a esse astro gordo
leal feito um cachorro
essa lua assídua mesmo
quando nova ou eclipse

mas quem sabe
o espaço em que ela boia
essa não lua ao seu redor
seja o que mais perturba –

o que tentamos preencher ao versejar

4

existir é um sinal de menos:
aquele sábio certa vez postulou
(ainda ouço os ecos)
que toda esta confusão
entre experiência e aderência
nada mais é do que
meu desespero
em brindar à lua e dizer
eu
e dizer
lua

quando na verdade
só o que existe é o arco
do olhar
o vinho trazido à boca
e o salto – rumor d'água

5

dizem que é dolorosa
a morte
por afogamento

nada há de belo
na tenda improvisada
entre dois viadutos

as andorinhas
esvoaçam
em bandos desordenados

entre dois viadutos
no verão mais quente
de que se tem registro

a lua alta ao meio-dia
o asfalto vibra
como se fosse líquido

6

não é a lua na água
mas só um reflexo

a bem da verdade
o corpo que do céu projeta o reflexo
é só um pedaço
de pedra
sem peso
que foi se arredondando
ao longo de alguns
bilhões de anos

o que buscamos
é o fiel da balança entre
saber que estamos aqui
e não nos entendermos com isso:

bebamos
à nossa confusão

IV. uma emoção em falso

> De vez em quando,
> uma emoção em falso,
> a ferida abre-se:
> e eles entram solenes,
> os meus mortos
>
> ANA LUÍSA AMARAL

díptico para ela

1

talvez porque as nuvens formem um padrão
específico ou porque um motor
ronque baixo entre as paredes da casa
talvez por ter passado ou não
um avião bem perto
ou porque as plantas necessitem de cuidado

talvez porque estejamos
num signo de elemento água
talvez porque as listas possam colonizar
tontas e incansáveis o poema
ofertando ao erro iluminista
a razão da desrazão

talvez porque hoje seja
uma sexta-feira como outra qualquer
aperta no peito isso de não
poder apanhar o telefone e dizer   mãe
bom dia
acordei pensando em você

2

o quanto há de você nesta casa
onde nunca esteve
esta casa erguida num tempo depois
do seu
num lugar tão estranho (nem te conto
mãe como este lugar é estranho)
entre estranhos
      ou será que a estranha sou eu

parece que a casa
é também um pouco sua
como era um pouco meu o barquinho
onde você menina magrela testa franzida
posava para a foto
para o futuro da foto
e os que viriam depois
família espargida por muitos caminhos
sazão da vida
hoje sabemos   tudo
começava e desaguava em você

antes de dar nomes ao mundo

bandos de maritacas
esgarçam a manhã
e a voz que gritou no sonho
coalha
de surpresa e susto
antes de dar nomes ao mundo

elas podem mais do que nós
as maritacas em bando
debruando de verde o verde
desse fim de Mata Atlântica
que esquecemos de civilizar
(o domingo é delas
     e não da amperagem dos turistas)

hoje eu lia sobre o *Homo ergaster*
o esqueleto do menino de Turkana
tão outro nós   hoje
eu via o rapaz ganhando uma medalha olímpica
era um brasileiro
e o poema espreitava essas coisas
perguntando-se por onde começar
até que a moça entrou no quarto
e fez a pergunta: você vai escrever sobre o seu pai?

e então vi que
desde o nado livre até
a revoada e a esmeralda do morro
tudo era o poema deste instante
das máquinas que odeio e amo
era o poema de entender que isto

será outro depois dele (depois de meu pai
depois do poema)
que minha irmã será outra irmã
que meu irmão será outro irmão
que vagaremos pelo lugar-comum
do poema deste instante
por muitos anos ainda

e eu talvez pense no menino de Turkana
e no nadador olímpico
e no tempo coalhado
de surpresa e susto
na voz dos bandos de maritacas

sapatos

quando eu era criança diziam
sua mãe morre se você
deixar o sapato de cabeça para baixo

ainda hoje
anos depois que ela se foi
(minha mãe   a criança)
me acompanha o impulso de ajeitar meus sapatos
quando vejo um pé ou outro
em posição de azar

e se agora tanto faz
como diabos
se encontram os meus sapatos
vou lá e os ajeito assim mesmo
porque a próxima
na lista das mães sou eu
que já sei que as bruxas existem
e aprendi que o tempo é esta queda
de braço
entre os meus sapatos e mim

ofício

é só o dia de hoje
é só o sangue mate do dia de hoje
é só este estar demais no concêntrico das coisas
e porque os galhos das árvores estão caindo
e mesmo o céu não parece tão firme assim
é só a arritmia a ciclotimia a promotoria
o corpo sem saber se samba ou tango ou *son* cubano
é só porque as línguas não se entendem
é só o dia de hoje – a experiência do consumidor
a valência dos cremes de beleza e dos fundos de pensão
o fantasma vitoriano do dia de hoje
e o susto que ele ainda faz que vai dar
é só a arenga do dia de hoje
a soda cáustica do sol sobre as petúnias
é só a elegância do cachecol azul num leito de hospital
e as petúnias felizes e o xeque-mate
do concêntrico das coisas
a ciclotimia a trigonometria
a arritmia e os fundos de pensão e o noticiário lembrando
é o que tem para hoje
o prato do dia
seu ofício de arroz e feijão

o mistério

perder o outro
dos nossos pais é como perder
o primeiro de novo

voltam os sonhos a se povoar
de rostos de outras épocas – estranhamente
depois de mortos os pais
tendem à mesma idade específica
mais jovens
situados numa mediatriz da vida –
volta a impressão de um chamado
no meio da noite como
se a urgência que deixou
de existir (as narrativas recentes e
os seus soluços)
tivesse um lastro
de memória resistente

os olhos continuam abertos
as mãos continuam destras
e as vozes e as palavras

perder o outro
dos nossos pais é como acercar-se de novo
desse
mistério maior do que tudo
e dizer agora
agora eu te reconheço

mas o mistério se apresenta sólido
e fresco e inédito

porque perdemos o outro
dos nossos pais e é como
perder o primeiro de novo mas nunca
as mortes se equivalem
assim como nunca
um instante da vida prevê qualquer um
dos nossos muitos tropeços a seguir

lavar o chão

lavar o chão devagar
enquanto flechas caem sobre o Haiti
enquanto o cachorro
na casa ao lado dá um ganido e
a mulher diz cala
a boca filho da puta
molhar
o pano na água
torcê-lo arrumá-lo no rodo
roupa cotidiana que é
sem pressa sem ritual sem cansaço
lavar o chão
e lavar o chão de novo
depois dos passos de alguém que chega
enquanto flechas caem sobre o Haiti
enquanto flores caem do ipê-amarelo
e a mulher grita com o cachorro
e o verdureiro passa com sua Kombi
anunciando batata-doce em promoção
só hoje
lavar o chão como quem morre

carta ao meu pai no dia sete de setembro de 2021

eles brandem os punhos pelas ruas de Brasília
– lembra da nossa foto com a capivara
em Brasília?   eu tinha o tamanho certo
para o tamanho certo do seu colo
não sei se nós dois espiávamos a capivara
ou se a capivara nos espiava
ou se era a câmera (minha mãe?)
que nos integrava aos quatro
no instantâneo do que não volta mais

eles brandem os punhos e as bandeiras
constritas mesmo quando desfraldadas
mesmo desfraldadas são punhos
cerrados essas bandeiras   e neste dia também
um terremoto de magnitude sete
atinge a Cidade do México mas é só coincidência
e é só coincidência que no Texas
regresse a linha-dura das leis contra o aborto
        eles dizem pró-vida

essas são as notícias deste
sete de setembro   pai
o primeiro num mundo sem você
há fotos suas por todos
os cantos da casa mesmo naqueles
que não vejo mesmo as fotos perdidas em álbuns
feito a da capivara
um sete de setembro de punhos
fechados contra tudo   são contra tudo
você diria a que ponto chegamos

no instantâneo do que não volta mais
há um festival de cinema em Cannes
e os murais são recobertos com slogans em Cabul
um terremoto
de magnitude sete no México

obrigado   você disse   obrigado por tudo
quando só o que fiz
foi aparar suas unhas
e tentar me adestrar ao invisível enquanto
fazia um frio dos diabos no quarto do hospital
fazia um frio dos diabos

em Cabul os murais são recobertos com slogans
essa é a parte que nos conta o jornal
mas o que sabemos   você e eu
de Cabul? do ar que nunca respiramos do terremoto
que nunca sentimos do aborto
ao qual nunca
veio uma lei texana dizer que não
é nosso o nosso corpo e não
é nossa a nossa vida e não
é nossa a nossa morte?

     quase isso
pai
num leito de hospital a medicina propondo um pouco
mais de permanência
a distensão do por enquanto
equilibrando os rins a pressão a função
cardíaca a questão neurológica estomacal
o tubo nasogástrico a ferida
nas nádegas por estar tempo

demais deitado   a floresta
que você enxergava na parede onde só
havia uma televisão e um crucifixo

não é nossa a nossa
morte em vida vida em morte
uma tão imbricada na outra
o ouroboros de que já nem
sabemos mais onde a cabeça onde a cauda onde
a mordida do tempo
nossa contingência
estar aqui neste   sete de setembro sete
a magnitude do terremoto
nossa contingência
todas as mortes da nossa vida
todas as vidas

da sua morte
num final de agosto ainda sob
o signo de leão   ainda
a tempo de não ver este sete de setembro
em que multidões ganham as ruas
pedindo morte mais morte mais morte
não essa do sacrifício (etimologicamente
tornar as coisas sagradas)
mas a morte chula
sórdida obscena indigna
a morte tosca dessas bandeiras toscas
desfraldadas em punhos

tenho um corpo muito maior do que o meu
transborda pela minha pele
infla como um balão
é do tamanho do quarto da rua do bairro

de todos os países dos dois hemisférios
se expande para fora do tempo para lá
do último refúgio do
universo observável   onde eu corto
suas unhas num leito de hospital e
ajudo as enfermeiras na hora da higiene e
estou em seu colo fitando a capivara que nos fita
nos olhos
naquela cidade   era Brasília
de onde nos restaram fotos
de onde nos restaram punhos
estampados em todos os noticiários

o murro das bandeiras
e eu ainda não sei o que será deste mundo
pai
sem você

fresta

então é assim
que nos tornamos transparentes
eu não sabia
é assim que o vento das coisas
invade e atravessa
o que tanto acreditávamos sólido
    (a transparência é só
descrença na crença
só isso)

numa aleia do Jardim Botânico do Rio
brota de novo um sobrevivente pau-brasil
as sumaúmas continuam bem
os paus-mulatos estão trocando a casca
num júbilo de verdes e marrons
não é época de muitas flores
mas há sempre um vermelho
espicaçando o inverno – sempre

veja aquele verde-claro lá no fundo
esqueça tudo o que explicaram
sobre a teoria das cores
bote na cara um par de olhos
de bicho.
e esqueça os nomes dos verdes
esqueça todos os nomes dos verdes

o império em sua renúncia
tocar este ou esse corpo
e senti-lo: trêmulo quente amoroso
gasto arredio e ainda assim

transparente
bicho gente árvore
império sem império
verde sem nome de verde
broto
de pau-brasil

a chuva que ocupa
a cidade do Rio
vem então avassalando o corpo
esse agora tão sem fronteiras
esse objeto de tudo
esse afluxo de sangue-seiva
e resíduos de micróbios
banquete de infecções (como não
dizê-lo?   como não dizer *verde
sem atributos*?)

a chuva se apossa
da cidade do Rio
do inferno do trânsito
do dia que se apaga
        este último
e cai também em festa
sobre o gozo das sumaúmas
e dos abricós-de-macaco
sobre o caule da cariota-de-espinho
que apertei para me assenhorar
do inadmissível da dor
(fracasso: a dor é o império
dos impérios   ela é a fresta
jamais colonizável
em mim)

e assim
nos tornamos transparentes
fechamos para sempre uma porta após
dizer te vejo ali adiante
e o chão é uma coisa arredia
que os pés não entendem
e no mundo há elevadores
o mundo é um compósito de tantos
e tantos absurdos – chega
a ser divertido

e assim nos tornamos
transparentes
sob a chuva que cai
do lado de fora e do lado de dentro
que chega até onde disfarçamos a bile
e nos empenhamos na deglutição

transparentes
atravessados pelo fim
da tarde das avenças da cidade
suas bem-aventuranças
transparentes
atravessados pelos espinhos do caule
da palmeira (duvidávamos!)
pelo gozo das raízes
da árvore

atravessados pelo fim
sem atributos
um amor
que se torna agora
império sem império
broto

de pau-brasil:
não é época de muitas flores
mas há sempre um vermelho
espicaçando o inverno – sempre

V. duas semanas em retiro de meditação

ao Paulo

dia um

a segunda-feira cheira a sopa
e sapólio
um aguaceiro se mete por todas as brechas
da terra   dos nossos ouvidos

certa vez li sobre um mosteiro zen
onde se requeria que os praticantes usassem faixas
de cores diferentes
indicativas de seu nível de aperfeiçoamento espiritual

um amigo meu raspou a cabeça
para tentar entender
o que acontece dentro dela

    mas hoje
    com a chuva
    só desabamos

dia dois

em meia hora de silêncio
uma ópera inteira
completa com quinhentos elefantes
e um estrondo de tuba e tímpano
no *tutti* final

em meia hora
um longo discurso que poderia
ter se resumido a duas frases ou três
    o crescente da lua
        a mão erguida indicando um cessar-fogo

elétrons fervilham
no corpo de hidrogênio de uma estrela
que enxergo daqui
ainda que ela não exista mais

dia três

o cachorro morre devagar
ao meu lado
com seus rins impotentes
para tanta água tanto mundo

em algum lugar de sua memória
corre pelos parques o vira-lata
afeito a qualquer pedaço
de lixo
mesmo que um resto seco
de bicho morto
infestado de formigas

terá ele consciência de que algo
se passa no corpo
algo que deveria corrigir como a um
rebanho de ovelhas?
será a sua morte
um intuir o inoportuno
gato
debaixo do carro na esquina?
terá ele a chave que finalmente explique
o malefício incontornável do trovão?

dia quatro

ao redor do pescoço
caro amigo Aṅgulimāla
também levo um colar
com uma série de dedos decepados
    quanta morte na ponta da minha foice
    quanto crime nessa conta pendurada

também levo um colar
com uma série de dedos decepados
caro amigo Aṅgulimāla

alguns eram meus

dia 18.654

entre uma poça d'água e outra
o espaço onde os pés
não digam *poça d'água*
o espaço onde o músculo que pensa
não pise e reprise *anteontem ela não deveria ter* –

em toda parte fronteiras são rearranjadas
velhos reis desempossados   às vezes
traídos pelos próprios filhos
mais para o sul um par de amigos se foi
e quando este corpo peregrino
não se alcançar mais
há de servir ao pouso a sombra
dessas duas árvores:

entre uma poça d'água e outra
    ainda aqui
    aqui também

dia seis

indiferente ao que disseram
Buda ou Pascal
uma criança
brinca de abrir e fechar os olhos bem depressa

assim se faz
e se desfaz a luz

dia do sol

o chefe está de folga
e por ora nada acata o seu comando:
a posse das coisas
pertence a elas mesmas

deixe suas armas junto à porta
relaxe o nó da gravata puxe
uma cadeira sente-se
posso
lhe oferecer um café?

a depender do que sentencie
a marcha das multidões nas ruas
talvez o chefe nem volte
talvez tenha que acabar
de roer seus dias no exílio
hasteando bandeiras a si mesmo e
rezando sozinho
a missa negra do seu hino nacional

dia auspicioso

ir descascando a pele
epiderme derme hipoderme
cavar o músculo com o buril do escultor
roer o osso com a queixada dos carnívoros

o que sobrar pode ser
sepultado no ar
espargido
entre as teias de aranha
do universo observável (pairar por lugares
como o Aglomerado Pandora
ou o Superaglomerado Saraswati)

o que sobrar do que sobrar
disso uma vassoura dá conta
para a lata de lixo com os nomes
os títulos
e o brilho estelar das minhas melhores intenções

dia nove

é todo um complexo bailado
esse das sombras na parede
e um insurgente este hóspede
que troça comigo embora não seja
em nada diferente de mim

são sempre um mistério os tantos cantos
da cambaxirra   ainda
que eu os ouça todos os dias
e deslumbrante o estudo
da pluma:

                  cair lentamente
sem questionar seu próprio peso
ou a maleabilidade do ar

dia dez

a manhã está cheia de pássaros
e cacos de vidro junto ao meio-fio
o vizinho usa um short amarelo
um pouco apertado
e nada é da ordem do sublime
já parou para pensar que a vida não
é um filme mas sim um cordão de
polaroides?   e naquele momento
final em que (dizem) tudo desliza
diante dos nossos olhos
haveremos de sorrir
com o vizinho de short amarelo apertado
e haveremos de doer
com a pele esfolada do tempo dos homens
e haveremos de recordar que
a manhã certa vez esteve cheia de pássaros
era um dia de maio e a sanguínea
Superlua das Flores
mergulhava por um instante na penumbra
perfeitamente alinhada
com a Terra e o Sol

dia onze

uma vez
faz muitos anos
levei duas monjas budistas vietnamitas
às compras no Saara
Centro do Rio de Janeiro
miúdas magrinhas cabeças raspadas
hábito marrom

elas ficavam particularmente felizes
quando algum afoito parava
diante delas e com as mãos em prece exclamava
namastê ou aleluia ou algo assim

fizeram questão de pagar o meu almoço
compraram salgados num botequim
e nos sentamos para comer no meio-fio
na rua da Alfândega
enquanto a rádio Saara
enchia de cânticos o ar

dia zero

deixe tudo como está
a cama por fazer
o mapa logarítmico do universo observável
deixe o pano tapando o espelho
e os fios de cabelo sobre a pia
as polêmicas
entre os filósofos alemães
e a massa do pão descansando
deixe que o cachorro insulte
em paz o carteiro
deixe o poema por escrever
a conta por pendurar

e que hoje ao menos
esse menino de olhos grandes não caia
da bicicleta
enquanto trepida pelos
escombros da sua vida em Gaza

que as crianças possam acender
estrelas
no Rio de Janeiro em Mekelle
em Bangcoc

dia treze

visto a sua camiseta
depois do banho e sinto
no corpo os versos daquele poeta

também eu levei anos-
-luz para chegar aqui

mas além disso levei anos-
-luz para aprender
disléxica
o vocabulário de poder ficar

dia desses

quando minha mãe morreu
e minha irmã e eu fomos arrumar seu armário
encontrei uma amostra grátis de hidratante
que dizia   cuide-se bem

quando meu filho visitou Jerusalém
trouxe para mim uma pedra de sal
de recordação do Mar Morto

dois talismãs
companhia ao longo dos anos
a amostra grátis que algum
dia hão de jogar no lixo
a pedra de sal fadada a desmanchar

noves fora não
sobramos nem mesmo
nós   incautos e prontos
mas tão-só a vista daqui
da beirada do nosso amor

nota

Em "Vem ver a lua", o verso "*acorda   vem ver a lua*" é de "Melodia sentimental", de Heitor Villa-Lobos, com poema de Dora Vasconcellos.

"Dindi e o girassol" e "Maré" foram escritos a partir de fotos de Rafael Gallo.

O trecho citado de memória (e por isso talvez incorreto) em "A função de ponte" é de Chantal Maillard.

"Asas" se inspirou num fato real: nos anos 1960, um celebrado artista brasileiro queimou 19 galinhas vivas numa performance. O sonho é invenção.

Em "Constelação do gato", o verso "*seres que cheiram pelas patas*" é do poema "Indiferença", de Cláudia Ahimsa (de *A vida agarrada*, Cacto, 2005).

"Um quadro de Maria Auxiliadora" se inspirou em *Velório da noiva*, da artista mineira (óleo e massa de poliéster sobre tela, 1974).

"Morada" se inspirou no poema "Variation on a Theme", de W. S. Merwin.

A respeito de "Variações sobre um tema de Li Po": diz a lenda que o poeta chinês do século VIII morreu certa noite quando, embriagado, saltou para dentro do reflexo da lua na água de um rio e se afogou.

"Tigela" foi publicado com o título de "Bowl" na revista *Modern Poetry in Translation* número 3/2022, em tradução ao inglês de Alison Entrekin. Ela também traduziu "Eucariontes", publicado com o título de "Eukaryotes" na revista *JoLT – Trinity Journal of Literary Translation,* Dublin, vol. 12, edição de verão, 2023. "Dindi e o girassol" e "Morada" saíram em *O livro do verso vivo*, org. Mauricio Vieira e Thássio Ferreira (Outra Margem, 2023).

sobre a autora

Adriana Lisboa nasceu no Rio de Janeiro em 1970. É ficcionista, poeta, ensaísta e tradutora. Publicou, entre outros livros, os poemas de *Parte da paisagem*, *Pequena música* (menção honrosa no Prêmio Casa de las Américas), *Deriva* e *O vivo*, além do ensaio autobiográfico *Todo o tempo que existe* e de oito romances, entre os quais *Sinfonia em branco* (Prêmio José Saramago), *Azul-corvo* (um dos livros do ano do jornal inglês *The Independent*) e *Os grandes carnívoros*. Também publicou algumas obras para crianças e jovens, como *Língua de trapos* (Prêmio de Autor Revelação da Fundação Nacional do Livro Infantil e Juvenil) e *O coração às vezes para de bater* (selo Cátedra 10 da Unesco). Seus livros foram traduzidos em mais de vinte países. Seus poemas e contos saíram em revistas como *Modern Poetry in Translation* e *Granta*.

www.adrianalisboa.com
⌾ rakushisha

© Adriana Lisboa, 2025
© Relicário Edições, 2025

Dados Internacionais de Catalogação na Publicação (CIP) de acordo com ISBD

L769a

Lisboa, Adriana

Antes de dar nomes ao mundo / Adriana Lisboa. – Belo Horizonte: Relicário, 2025.
112 p. ; 13 x 21cm.

ISBN 978-65-5090-008-3

1. Poesia brasileira. I. Título.

CDD: B869.1
CDU: 82-1

Elaborado pelo bibliotecário Tiago Carneiro – CRB-6/3279

COORDENAÇÃO EDITORIAL Maíra Nassif Passos
EDITOR-ASSISTENTE Thiago Landi
PROJETO GRÁFICO, DIAGRAMAÇÃO & CAPA Ana C. Bahia
REFERÊNCIA DA CAPA Paul Klee. *Paisagem com choupos* [Landschaft mit Pappeln], 1929. Aquarela sobre papel, 23,5 x 31cm. Kunstmuseum Basel.
PREPARAÇÃO Lucas Morais
REVISÃO Thiago Landi

/re.li.cá.rio/

Rua Machado, 155, casa 4, Colégio Batista | Belo Horizonte, MG, 31110-080
contato@relicarioedicoes.com | www.relicarioedicoes.com
⌾ relicarioedicoes   ▉ relicario.edicoes

1ª edição [2025]

Esta obra foi composta com as famílias tipográficas
Calluna Sans e Scale Variable e impressa sobre papel
Pólen Bold 90 g/m² para a Relicário Edições.